幼児

保育園・幼稚園

小学生

中学生・高校生

増補改訂版

色弱の子どもがわかる本

コミック Q&A

家庭・保育園・学校でできるサポート術

原案：カラーユニバーサルデザイン機構
コミック：福井若恵
監修：岡部正隆
（東京慈恵会医科大学解剖学講座 教授）

【増補改訂版に寄せて】

2016年に本書の初版を出して以来、

多くの方々から反響があり、また一方で、

学校への色覚チョークの導入、消防士や自衛官への採用制限の緩和、

多様な色覚に対応したJIS安全色の改定など、

学校や社会では様々な色覚への対応が進みました。

そこでこのたび、皆様から寄せられた質問を追加し、

特に思春期のお子さんにも対応できるよう

増補改訂版として本書を出すことになりました。

あらゆる色覚の人たちにとって、

本書がさらなる前進になりますことを

私たちは祈っています。

はじめに

　我々の見ている世界には色があふれています。色は我々の心を豊かにしてくれるだけではなく、物を区別したり判断する情報でもあります。そして色名は、自分の見た色を他の人に伝えることを可能にしています。でももし、自分だけ色の見え方が他の人たちと違っていたら、自分の見ている色に色名がなかったら、どんなに困るか考えたことがあるでしょうか？

　色弱は、生まれつき色の見え方が他の人たちと異なる視覚特性です。色の見え方が異なるので、見ている色を表現する色名がありません。色弱の人は、多様な色覚に対応してない社会では色による情報が正確に読み取れないために、色の情報弱者（色弱者）ともいえる存在です。

　カラーユニバーサルデザイン機構（CUDO）では、様々な原因で色が違って見える人たちにも、色によってもたらされる情報がきちんと伝わるように、上手な色づかい（カラーユニバーサルデザイン＝CUD）を普及し啓発する活動をしています。CUDOには、色弱者やその家族から、様々な相談の電話がかかってきます。CUDがまだ行き届いていない現代社会において、色弱の人はどのような工夫をして生活したらよいのでしょうか？　そんな声からこの本は生まれました。

みんなには緑、黄、赤とカラフルな野菜が、私たちには明暗の違う似たような色に見える
（本書では最も配慮の必要な色弱（強度）のシミュレーションを例として用いています）

NPO法人
カラーユニバーサルデザイン機構

どうして色が違って見えるのか

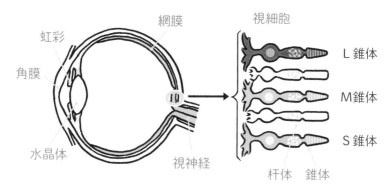

眼球の奥には光を神経の興奮に変える網膜があります。明るいところでは、錐体という視細胞が光の強弱を脳に伝えます。この錐体にはS錐体、M錐体、L錐体の3種類があり、それぞれ短い波長の光、中ぐらいの波長の光、長い波長の光の強弱を脳に伝えます。目に入る光は、この3種類のセンサーによって分解されて脳に伝えられるので、我々が見ている色は全て3つの原色を混ぜ合わせることによって再現することができます（光の三原色）。一方で、薄暗いところでは杆体という視細胞が光の強弱を脳に伝えます。杆体は1種類しかないので、薄暗いところでは色はなくモノトーン（白黒）に見えるわけです。

　色弱は、M錐体もしくはL錐体が興奮する光の波長が他の人たちと異なることで生じます。生まれつきL錐体の特徴がM錐体に似ているのがP型色覚、生まれつきM錐体の特徴がL錐体に似ているのがD型色覚です。どれくらい似ているかで軽度～強度に分かれます。ほとんどの色弱の人はP型かD型です（T型も0.001%いるといわれています）。一方、一番多い色覚つまり色弱でない人の色覚をC型色覚と呼んでいます。

　日本人男性の5％、日本人女性の0.2%が、P型色覚もしくはD型色覚です。男女同数の40人学級ならば1人いる計算です。このL錐体やM錐体の特徴を決める遺伝子はX染色体に載っているため、X染色体を1本しか持たない男性で色弱の頻度が高くなります。女性はX染色体を2本持ちますが、その片方だけが色弱の遺伝子を持つなら、その女性は色弱にはなりません。しかし、その女性が男の子を産めば50%の確率でその子は色弱になります。このような女性を保因者と呼びます。日本人女性の10%が保因者です。

目 次

の包装紙のお菓子を食べたいのだけど、ときどき違うお菓子が入っていてそれは好きではないと言います。ピンクと水色の見分けができていないようなのですが、病気でしょうか？　どこで検査を受けるとよいですか？ …26

Q11　(Q10の続き)眼科で息子は色弱だと言われましたが、相変わらず水色とピンクの包装紙を区別できずにいます。どうしたらいいのでしょうか。 …28

Q12　息子が通う幼稚園では、名札の色をクラス毎に水色、ピンク色などに分けているのですが、「ボクには同じ色に見える」と息子に言われ、答えに困ってしまいました。まだ幼いのでどう説明したらよいものかと戸惑っています。 …30

Q13　我が家では歯ブラシの色をひとりひとり分けて使っています。子どもが薄紫色と水色をよく間違えて兄弟でケンカになります。お兄ちゃんは間違えないのに、どうして弟の方は間違えるのでしょうか？　どうしたら間違えなくなるでしょうか？ …32

小学生

Q14　友達と色違いのカバンを持っているそうなのですが、「友達のと間違えることがある」と言われました。間違えない色を選んで買うとなると、お金もかかることですし…。どう工夫したらいいでしょうか？ …34

Q15　子どもが学校のトイレの空室表示がわからないというので、授業参観日にトイレの表示を確認したところ、「入っている」はオレンジ、「空いている」は黄緑になっていました。娘には同じ色に見えていることを先生に伝えたいと思っています。学校全体のトイレの空室表示を変えるとなると、大掛かりになりコストも大変かかると思います。すぐに対応できるような工夫は何かありますでしょうか？ …36

Q16　時計の読み方を教えたいと思い、針の色が違う時計を買い求めたのですが、子どもには見分けがつかない色のようです。この子に見分けができる色を知りたいです。 …38

Q17　色弱の娘と靴を買いに行きましたら、娘がグレーの靴を選んだので、私は「ピンクもかわいいわよ」と2足を並べて見せたところ、娘に「同じ色じゃないの？」と言われ、戸惑ってしまいました。どのように説明すればいいのでしょうか？ …40

Q18　息子は絵を描くことが大好きで、保育園の頃はよく色鉛筆で絵を描いていましたが、小学校に入るとあまり絵を描かなくなりました。授業で描いた絵の色づかいを友達にからかわれたからだそうです。そんなとき親としてはどうしたらいいのでしょうか？ …42

Q19　色弱の息子の学校から持ち帰った答案用紙を見ると、先生の添削やコメントが赤ボールペンで書かれていました。担任の先生にペンの色を変えた方が息子に

中学生・高校生

Q1 2歳になる子どもがいます。色がわからないようなのですが色弱でしょうか？

A1　色の違いを見極めて、色名という言葉を使って、それを相手に伝えるという作業は、高度なコミュニケーション能力を必要とします。お子さんが2歳ではそれが上手くできず、色弱なんじゃないかと親御さんを心配させてしまうことがよくあります。色弱かどうかはもう少し大きくなってから判断しましょう。

Q2 保育園に靴下の色を間違えて履いていって、友達にからかわれたと後で聞かされました。

保育園の先生には子どもが色弱であることを伝えておいた方がよいでしょうか？

——と言われても、
お母さんとしては
納得できないですよね

そうなんです！

からかわれたりすると心のキズに
なるんじゃないかしら？
どんなトラブルも、できれば
前もって避けたいんです…

お母さんに
できることは
いろいろ
ありますよ。
やってみては
どうでしょう

デザインの違うものをそろえる

間違えそうなものにはマークを

読めるのであれば
文字を入れる

ブルーの
B

イエロー
のY

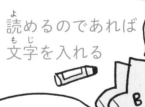

なるほど！

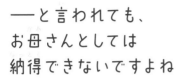

A2 まず、お子さんが靴下を間違えないようにご家庭でできる工夫をしてみましょう。間違えそうな靴下にはマークを付けたり、色の名前の頭文字を書いて教えておくのもよいでしょう。お子さんに衣類や持ち物の色名をそっと教えておいてあげると、失くしたときにも慌てずに説明できるようになります。

保育園・幼稚園

Q3 家族でお花見に行ったのですが、息子は「ぜんぜんきれいじゃない！」と言います。色弱

の子どもは、桜を見ても感動することはないのでしょうか？

保育園

保育園・幼稚園

花びらが風に舞ったり
光が差し込んできたり、
桜は春ならではの
美しさですよね

お花見の楽しそうな
ふんいきも、伝わって
いると思いますよ

わい　わい

ボクもお弁当
ここで食べたい！

まだまだ
花より団子か！

実はオレも
団子派！

A3　桜の花びらが風に舞い光が差し込む光景は、春特有のものですし、それらを楽しんでいる人たちの姿をみなさんと一緒に見ることで、成長とともに気分が高揚してくるようになるでしょう。それは、お子さんが色弱であってもなくても同じことなので、心配しなくてもだいじょうぶです。

Q4 子どもが小学校に入ったら、大きな花火大会に連れて行きたいと考えているのですが、

保育園・幼稚園

14

色弱の子どもは花火の色をわかるでしょうか？
一緒に楽しめるでしょうか？

A4
　　花火に限らず、お花見や紅葉も、眼に映るその情景は、色弱の人の心にも語りかけるものがあります。花火の光の色名が他の人と一致しなくても、最近の花火は色弱の人にもカラフルに見えています。楽しめないんじゃないか？　と心配しなくても大丈夫です。

保育園・幼稚園

Q5 幼稚園に通う子どもがいます。お絵描きが好きでよく描いているのですが、人の顔や犬を黄緑色で塗ります。

私の父が色弱だったので、この子もそうかもしれないと
思っています。正しい色を教えた方がよいのでしょうか？

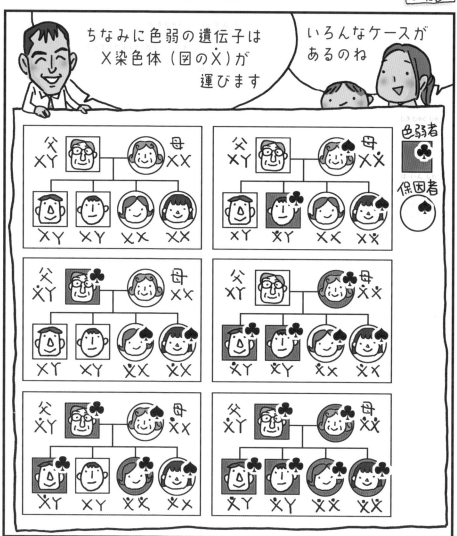

A5　お子さんは色弱かもしれません。文字が読めるようになったら、色の
名前の書かれたクレヨンや色鉛筆を用意して、物の色名をていねいに
教えてあげるとよいでしょう。色弱の遺伝子はX染色体上にあります。
男性はX染色体を1本しか持たないので、そこに色弱の遺伝子が載っ
ている(Ẋ)と色弱になります。女性はẊẊにならないと色弱になりませ
ん。1本だけẊを持つ女性(ẊX)は色弱にはならず、保因者になります。

参観日に幼稚園で色あてクイズのような検査
があると聞きました。幼稚園の先生に子どもが

保育園・幼稚園

色弱であることを、伝えた方がよいでしょうか？

A6　文部科学省は児童生徒が安全で健康な学校生活を送れるように、学校や幼稚園での学習指導、生徒指導、進路指導などにおいて、色弱の児童生徒に配慮することを通知しています。学校や園での生活の安全性にも関わるため、予め担任の先生に伝えて、配慮をお願いされてはいかがでしょうか。

息子はパトカーが好きで、将来は「おまわりさんになりたい」と言っています。そこで

ハッとしたのですが、色弱の子どもが就けない職業はあるのでしょうか？

おまわりさんには
なれるの？

採用規定には
「色覚異常の程度が職務執行上、
差し支えがないこと」と
なっています。
眼科医の診断が必要です

でも、きちんと診断して
いただけるのは
10歳以降ですので、
まだ先の話になりますね

最新の情報、
受験資格など
疑問点は採用窓口で
問い合わせてください

なるほど！

息子さんが成長して
自分の目のことも知り、
その上で必要な情報を自分で
得られるようになるといいですね

聞きに
行って
みよう
かな

説明会が
ある！

保育園・幼稚園

A7 　消防士・陸上自衛隊の色覚条件は、「自動車免許の取得ができる程度」に変更され、現在、色覚制限のある仕事は、旅客パイロットや鉄道運転士、警察などごく一部です。その仕事に就けるかどうかは、最新の情報を入手して判断されるのがよいでしょう。

サッカーの試合でユニフォームの色が区別できず、敵にパスをして注意されたことがあり

保育園・幼稚園

パスパス

こっちこっち

あっ

もう！ 敵にパスしちゃダメでしょ。気をつけてよ！

どんまい

ユニホームの色がわからなかったんだ

味方（赤）　敵（黒）

そうかー

試合中に瞬時に仲間を判別できないのはなかなかきついですよね

お子さんと相談し、監督さんに話してみるのも、よいかと思いますよ

ボク、自分で話してみる！

ました。子どもが色弱であることを監督や
チームメイトに話した方がよいでしょうか？

A8　試合に限らず、練習においてもユニフォームや道具の「色分け」を利用することがあるかもしれません。保護者から監督にご相談されてはいかがでしょうか。子どもが自ら監督に話したところ、試合前に相手チームのユニフォームと色の区別ができるかどうか、監督が確認してくれるようになったケースもあります。スマホアプリ「色のシミュレータ」を使えば、似て見えるものを先に探すこともできます。

23

Q9 息子が地図や地名に興味を持ったので地図帳を買い求めてみたところ、隣り合わせの県の色の見分けがつかない箇所がありました。

小学校に入ると社会科で地図を勉強するので心配をしています。
学校で使う地図帳は色弱の子どもにも配慮されていますか？

小学校に入ってから使う地図帳は、色弱への配慮はあるのですか？

実はまだ配慮されていないものもあるようです。
ニーズがあれば対応も変化すると思いますよ

境界線をはっきり書き入れたり、マーカーなどで塗るとわかりやすくなりますよ

とりあえず、この地図帳の出版社に知らせておこうかな

そういう声が現状の改善にとっていちばんの後押しになります

保育園・幼稚園

A9　　地図帳はそれほど改善が進んでいないようですが、色弱の子どもたちのための需要ががあることがわかれば、教育界も対応が変わるかもしれません。この場合の対応としては、子どもと一緒に予習して、子どもがわかる色のマーカーなどで、地図に着色しておくとよいでしょう。

保育園・幼稚園

と水色の包装紙のお菓子を食べたいのだけど、ときどき違うお菓子が入っていてそれは好きではないと言います。ピンクと水色の見分けができていないようなのですが、病気でしょうか? どこで検査を受けるとよいですか?

もしかしたらお子さんにはこんなふうに見えているのかもしれません

同じ色に見えているのね

病気?
どこで検査を
ウケたらいいの?

ちょっ!
落ち着いて!
眼科です

でも、もう少し大きくなってから、検査の時に上手に説明できるようになってからの方がいいかもしれませんよ。
お母さんも、こんな→検査を受けたのって小学校4年生くらいだったでしょ

そうね

保育園・幼稚園

A10

　他にも原因は考えられますが、色弱である可能性も考えられます。検査は眼科で受けることはできますが、もう少し大きくなってからの方が検査を上手に(適切な方法で)受けることができるかもしれません。同じ観点で、学校で色覚検査を行っていた時代は、小学校4年生で検査を行っていました。

Q11 （Q10の続き）眼科で息子は色弱だと言われましたが、相変わらず水色とピンクの包装紙を

区別できずにいます。どうしたらいいのでしょうか。

息子が通う幼稚園では、名札の色をクラス毎に水色、ピンク色などに分けているのですが、「ボクには同じ色に見え

保育園・幼稚園

30

る」と息子に言われ、答えに困ってしまいました。まだ
幼いのでどう説明したらよいものかと戸惑っています。

保育園・幼稚園

A12　その年齢で色の感じ方の違いに気がついたのは鋭いですね。その子の性格によっても対応は異なりますが、すでに気がついているのであれば、「色の見え方は人によって違うことがあるんだよ、先生の説明がわからない時は、先生にそっと聞いてごらん」と説明してあげてはいかがでしょうか。園の先生には、見分けにくい色の名札が使われていることを含めて事情を説明し、配慮をお願いするとよいでしょう。

31

保育園・幼稚園

なります。お兄ちゃんは間違えないのに、どうして弟の方は間違えるのでしょうか？ どうしたら間違えなくなるでしょうか？

保育園・幼稚園

A13　お母さんには色違いに見えるものでも、色弱のお子さんにとっては、同じ色に見えるものがあります。間違えないようにする方法としては、歯ブラシにお子さんの名前シールを貼ったり、お子さんが好きなアニメのシールを貼るなど、色以外でも違いがわかるように工夫してみてください。原因を色弱とはっきりさせたいのならば、色覚検査を受けてみてはいかがでしょうか。

友達と色違いのカバンを持っているそうなのですが、「友達のと間違えることがある」と言われました。

小学生

34

間違えない色を選んで買うとなると、お金もかかることですし…。どう工夫したらいいでしょうか？

A14　まずは、カバンにストラップやキーホルダーなど、目印を付けてみてはいかがでしょう。色以外の特徴でも区別できるように、工夫してみてください。さらに失くしたときにも説明ができるように、自分の持ち物の色名は教えておきましょう。

子どもが学校のトイレの空室表示がわからないというので、授業参観
日にトイレの表示を確認したところ、「入っている」はオレンジ、「空い
ている」は黄緑になっていました。娘には同じ色に見えていることを

先生に伝えたいと思っています。学校全体のトイレの空室表示を変えるとなると、大掛かりになりコストも大変かかると思います。すぐに対応できるような工夫は何かありますでしょうか？

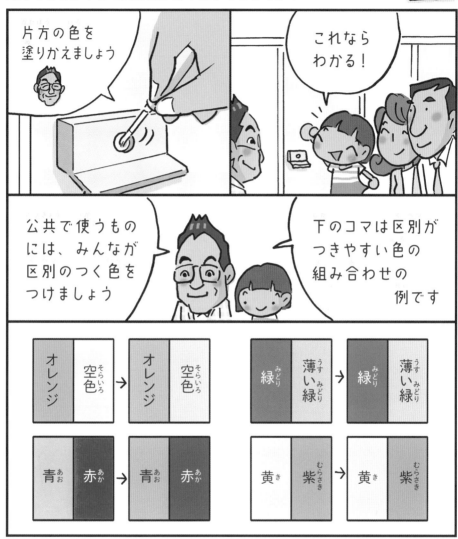

A15　　この場合、色の面積が小さくても区別ができる色の組み合わせに変更する必要があります。簡単な方法としては、カギのどちらかの色を塗り替えることを学校に提案されたらいかがでしょうか。例えば、カー用品店などで売っている自動車ボディ補修用のタッチペンなどを使えば、簡単に塗ることができます。このケースでは、黄緑色を明るい空色系に塗り替えるとよいでしょう。

時計の読み方を教えたいと思い、針の色が違う時計を買い求めたのですが、子どもには

見分けがつかない色のようです。この子に見分けができる色を知りたいです。

1年生

A16 色弱の人がわかりにくい色をスマホで疑似体験できる「色のシミュレータ」のようなアプリケーションがありますので、これを使って選んでみてはいかがでしょうか。色に頼らず、太くて短い針と細くて長い針を見分けさせることでも指導は可能です。

色弱の娘と靴を買いに行きましたら、娘がグレーの靴を選んだので、私は「ピンクもかわいいわよ」と2足を並べて見せ

たところ、娘に「同じ色じゃないの？」と言われ、戸惑ってしまいました。どのように説明すればいいのでしょうか？

A17 　娘さんが自分の色の見え方を理解できるようでしたら、「ピンクと灰色は似て見えるんだね」と受けとめてあげましょう。その上で似て見える色の組み合わせや、その色のイメージを説明してあげるとよいでしょう。

Q18 息子は絵を描くことが大好きで、保育園の頃はよく色鉛筆で絵を描いていましたが、小学校に入るとあまり絵を描かなくなりま

保育園の頃はよくカラフルな絵を描いていたけど、どうして色を使わなくなったの?

うーん…
図工の時間に

それは
そんな色じゃ
ないよ

小学生

って言われてから、色を塗るのがなんだかこわくなっちゃって

それは先生に
ご相談になってはどうでしょう。
学校保健安全法にも、
「色弱について配慮を行うとともに、適切な指導を行うよう取り計らうこと等を推進すること」とあります

どうしよう?

した。授業で描いた絵の色づかいを友達にからかわれたからだ
そうです。そんなとき親としてはどうしたらいいのでしょうか？

A18　学校保健安全法では、「教職員が色弱に関する正確な知識を持ち、学習指導、生徒指導、進路指導等において、色弱について配慮を行うとともに、適切な指導を行うよう取り計らうこと等を推進すること」とあります。まず担任の先生に、ご相談になってはいかがでしょうか。

色弱の息子の学校から持ち帰った答案用紙を見ると、先生の添削やコメントが赤ボールペンで書かれ

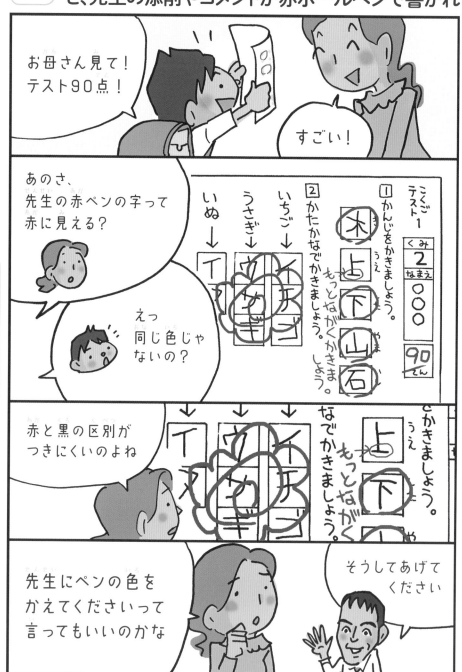

小学生

44

ていました。担任の先生にペンの色を変えた方が
息子には見やすいと伝えてもよいものでしょうか？

ボールペンは線が細いので違いがわかり
にくいのです。線が太い朱色のサインペンか
赤鉛筆がいいですね
太さ細さ、赤ではなく朱色など
選択によって見え方は大きく異なってきます

ボールペン
（赤）
あか

サインペン
（朱）
しゅ

鉛筆
えんぴつ
（赤）
あか

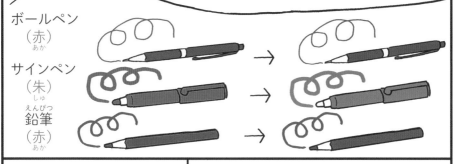

オレンジや青も
区別できますよ

ボールペン（オレンジ）

ボールペン（青）
あお

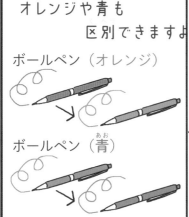

色覚チョークの導入も進んでいます

普通のチョーク
（赤）
あか

色覚チョーク
（朱赤）
しゅあか

A19　　　色弱の子どもにとって、赤ボールペンは線が細く、黒ボールペンと
区別がつかないことがあります。先生に相談して、添削には線が太
い朱色のサインペンか赤鉛筆を使ってもらってはいかがでしょうか。
学校では、色覚チョークの導入が進んでいます。詳しくは「色覚チョ
ーク」で検索してみてください。

Q20 孫が色弱だと聞かされ、自分の色弱が遺伝したことを知りました。もうしわけない気持ち

小学生

46

でいっぱいです。医学が発展した現在でも、色弱は治せないものなのでしょうか？

つらい思い出がない
わけじゃないけど…
その時その時で何とか
してきたし、今では
何とも思ってないなあ

お孫さんもきっと
自分で乗り越えて
いかれますよ

色弱であることで
つらい思いをしない
社会にしていくため、
私たちも活動を
続けていきます！

お孫さんの気持ちが
一番わかるのは
おじいさんなので、
サポートしてあげて
くださいね

何か困ったことが
おきたら、おじいちゃんに
話すんじゃぞ

うん！

A20　　色弱の治療は現在のところありません。遺伝子治療の可能性も検討されていますが、遺伝子治療ならではの危険性も指摘されているため、将来的に治療が可能になるかどうかは、まだしばらくはわかりません。

色弱の息子は、他の兄弟と比べるとバッタ採りがうまいように思います。色の見え方が

違うのでもしや…と。これは色弱と関係あるのでしょうか？

A21　東京大学河村正二先生のサルを観察した最新の研究によると、色弱のサルは明るさの違いや形状の違いに敏感で、薄暗いところで昆虫を見つけるなどの行為は、色弱のサルの方が得意なことがわかったそうです。色弱の人は、色を見分ける能力が劣っているわけではないのです。

Q22 おしっこの色で健康状態がわかるというので、息子に「色がおかしいと思ったら教えるのよ」

小学生

と伝えたのですが、「色の違いはわからないからできない」といいます。どうしたらいいでしょうか？

3年生

A22 学校の健康診断でも定期的に検査されているので、心配ありませんが、色以外にも排尿時の痛みなど、何か異変に気がついたら、親に報告するよう息子さんに伝えることは重要です。

一緒に歩いていると、看板の「危険」の文字や駐車場の「出庫」の文字が見えないようで、

ドキッとさせられることがあります。どのように注意すればよいでしょうか？

A23　事前に事故やケガを防ぐためにも、お子さんが自分の色覚の特徴を知っておくことは大切です。駐車場の出入り口では左右をよく確認してから渡るなど、しっかり安全確認方法を伝えておきましょう。2018年4月、標識などの色を規定したJIS安全色（Z9103）が「色弱の人などの色の見え方に対応した色」に変わりました。今後は色弱の子どもにも「危険」「注意」の文字は、目立つ色に変わっていきます。

絵の具の色をパレットに出した後、「どれが何色かわからなくなった」と子どもに言われま

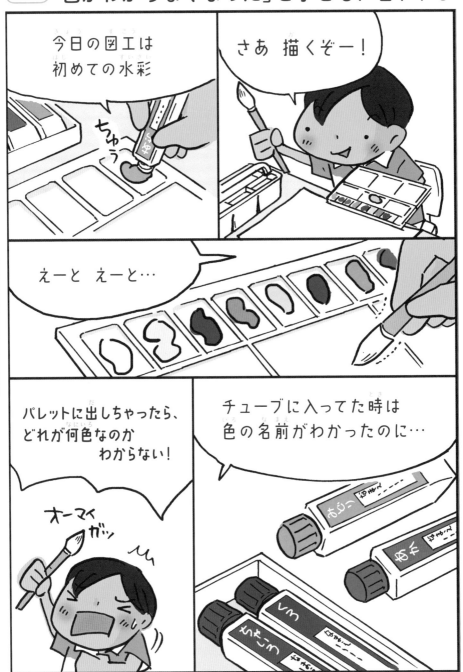

した。何か親にできることはあるでしょうか？

A24　ひとつのアイデアですが、パレットにマジックなどで消えないように色名を書いておくと、お子さんが覚えやすくなります。この方法を応用すれば、いろんな場面で色について学ぶことができるようになるでしょう。

ます。お化粧の色の合わせ方は、ひとりで覚
えていけるのでしょうか？

A25　　　誰しも色を学ぶためには大人の手助けが必要です。お母さんの色の感じ方をひとつひとつ教えながら、様子を見守り、必要に応じてサポートするとよいでしょう。

家で焼肉をするとき、子どもがまだ生焼けなのに手を出してしまうことがあるのですが、生焼けの肉と焼けた肉の色の

違いがわからないのでしょうか？ 生焼けの肉を食べると
お腹によくないと思うので、大人になってからも心配です。

A26　色弱の人の中には、生焼けの肉と焼けた肉の色の違いがわからない
人もいます。焼くときには時間を計ったり、表側の肉汁や泡の状態を
確認したり、他の人が手をつけてから自分も手をつけるなど、それぞ
れに工夫をされているようです。

家族でプラネタリウムに行ったのですが、息子は「全くわからなかった」と言うのです。

色弱の子どもには星は見えていないのでしょうか？

　　　色弱の子どもにも星は見えています。星の分類には光の色と明るさを用います。色弱の子どもは、「明るいのが黄色で、暗いのが赤」というように、色味の違いを明るさで判断していることがあるので、色名に頼った星の説明は、わかりにくいことがあるかもしれません。学校で習ったら、星の名前と一緒にその色名も覚えておくようにアドバイスしてあげましょう。

学校の理科の実験で、「色の変化がわからない」と子どもに言われました。親としてどう

したらよいものかと悩んでいるのですが…。

5年生

理科の先生にお子さんが色弱であることを伝えて、配慮をお願いしてはいかがでしょうか。色はわかりにくい場合でも、何色が何色に変化するかを知識として整理しておけば、テスト対策になります。物と色名を組み合わせにして覚えておくと、色名を用いたコミュニケーションがスムーズになります。

子どもに買い物を頼むと、ときどき葉が少し茶色くなった野菜を買ってくることがあります。

小学生

新鮮なものと古いものとの区別がわからないのでしょうか？

A29 たとえば、ピーマンは緑色をしていますが、熟すと茶色くなります。色弱の多くの人はこの色の変化がわかりにくいようです。新鮮さを確かめる方法として、色の他に葉の勢いや切断面の具合、手触り感などがあります。お店の人に「新しいものをください」と頼むのもひとつの手です。このような積極的な方法も他人とのコミュニケーションの在り方として教えていきましょう。

小学生

を聞いたのですが、「わからなくなるだろ！」と怒るだけで私には理由がよくわかりません。どういう意味なのでしょうか？

A30　息子さんはケースに書いてある色の順番に合わせたり、自分にとって最も覚えやすい位置に、特定の色鉛筆を置いているのかもしれません。色を間違わないように、色弱の子どもの場合は、自分なりに工夫していることも多いので、気をつけてあげてください。

子どもが地図上の「現在地」を見つけられないことがあります。友達と一緒のときはまだ

よいのですが、ひとりのときにだいじょうぶか心配です。

A31　街中に設置されている地図には、たいてい「現在地」が描かれていますが、目立たせたい文字を赤色、他の文字を黒色に使い分けていることは少なくありません。森林の緑色の中に赤文字がある場合も見つけにくくなります。「じっくり見て探してごらん」と教えてあげてください。注意深く見る癖をつけることは重要です。

Q32 家族でハイキングに出かけ、地図に行くルートを蛍光ペンで書いたところ、息子が「見えな

小学生

い」と言いました。色弱の子どもには蛍光ペンは見えないのでしょうか？

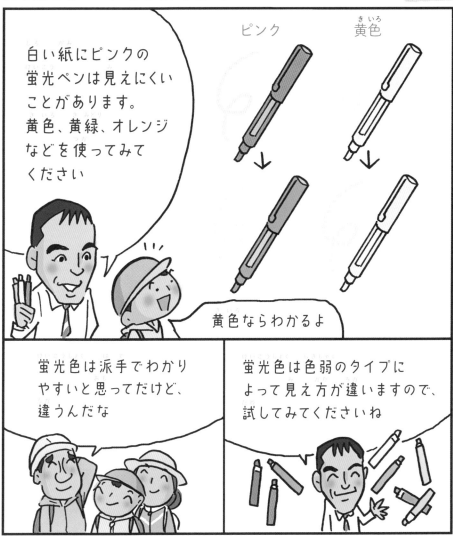

白い紙にピンクの
蛍光ペンは見えにくい
ことがあります。
黄色、黄緑、オレンジ
などを使ってみて
ください

ピンク　　黄色（きいろ）

黄色ならわかるよ

蛍光色は派手でわかり
やすいと思ってだけど、
違うんだな

蛍光色は色弱のタイプに
よって見え方が違いますので、
試してみてくださいね

小学生

A32　　色弱の子どもから見ると、蛍光ペンの色が背景の紙の色に同化してしまうことがあります。例えば白い紙の上では蛍光ピンクが見えないことがあります。派手な蛍光ペンは、誰にでもよく見えると思われがちですが、背景の色との組み合わせでは必ずしもそうとは限りません。

71

授業参観に行ったときのこと。息子は席の前の子や隣の子にちょっかいを出して落ち着きがありませんでした。自宅

小学生

で理由を聞いた ところ、「先生が言った色がわからないので、友達に聞いていた」とのこと。内申書に影響がないか心配です。

小学生

A33　ありのままを先生に伝えてはいかがでしょうか。先生はそのことを知ることで、授業の説明の仕方を工夫してくれるかもしれません。事情がわかれば、内申書に影響することはないでしょう。

Q34 息子が自動販売機でジュースを買うときに、
売り切れの商品のボタンを何度も叩きながら

小学生

出てこないと文句を言います。売り切れであることがわからないのでしょうか？

売り切れの際にボタンに点灯する赤い文字が、色弱の人には暗く見え、周囲が明るい日中だと点灯していることすらわからないことがあります。代金を入れているのにボタンを押しても出てこない場合は、釣り銭切れか売り切れですので、それらの赤い文字表記が点灯しているかどうかを確認するよう教えてください。ボタンの周囲を手で囲って暗くすれば、ランプの点灯がわかる場合が多いです。

A34

外出先でお寿司を食べたときに、子どもが生姜とわさびを
間違えてしまい、涙を流していました。生姜とわさびの色は

中学生・高校生

76

見分けがつかないのでしょうか？　間違わないようにするためには、どんな方法がありますか？

中学生

A35　　色弱の人の中には、生姜とわさびの色が同じ色に見えている人もいます。少し味見をしてどちらなのかを確認するなどそれぞれに工夫しているようです。ご家庭では器を変えるなど工夫されてはいかがでしょうか。

中学生・高校生

Q36

震災がたびたびあるので、我が家でも避難経路や避難先を家族で確認したところ、避難マップの色分けが息子にはわかりませ

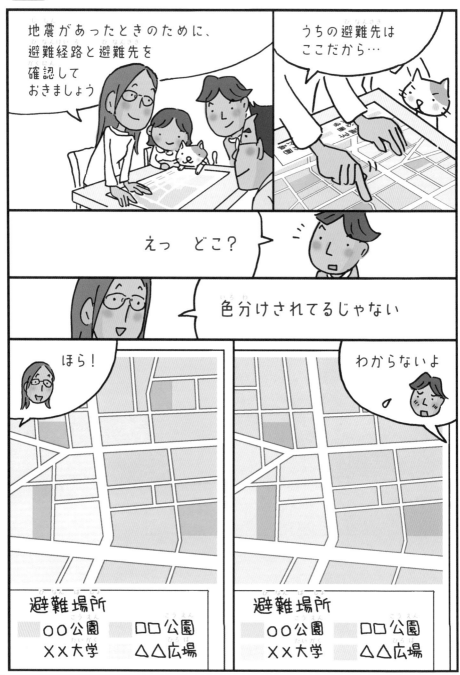

中学生・高校生

んでした。このことに気づいていない色弱の人もいると思います。
自治体の配布物は色弱者に対応されていないのでしょうか？

えーと、それ、もしかして昔の避難マップではないでしょうか？

5年前のものでした…！

色弱の人への対応は年々広がってきています

それでもわかりにくいなどお気づきのときはぜひ自治体に報告してあげてください。社会のCUD化をさらに進めていきましょう

あっ

お母さん、新しい避難マップが届いたよ。すっげえわかりやすい！

中学生・高校生

A36　国は、災害情報の配色について多様な色覚に対応することを考えています。自治体においても、色弱の人にも対応する取り組みは広がっています。お気づきの場合は、自治体の相談窓口に報告していただければと思います。皆さんの報告が社会のCUD化を進め、みんなの安全につながります。

79

子どもには子どもが着たい色の服を着せたいと思っているのですが、私からみると「その色の組み合わせ

「はおかしい」と思うことがよくあります。そのまま子ども
の好きな色の服を着させた方がよいのでしょうか？

カーディガンが赤
パンツが緑。
両方とも強くて
あざやかな色なので
ケンカしちゃうわ。
どちらかを薄い色に
変えてみたら？

そっか

お母さんが
「赤にはクリーム色や白、
薄いグレーが合うのよ」
って言ってたよね。
じゃあ、このスカートに
してみよう

自分のワードローブを知り、
色名を認識しながら
選んで着る。
色弱者にとっても
大切なことだと思います

中学生・高校生

A37　お子さんにどんな色の組み合わせをイメージしているのかを聞い
てみてください。同じ色のつもりで選んだものが違う色の組み合わ
せになっている場合は、「あれは何色、これは何色」「これと同じ色の靴
下はこれよ」と優しく教えてあげるとよいでしょう。新しい服を買っ
てあげた時には、その服が何色であるかを教えてあげてください。

Q38 息子が理系の大学への進学を希望しています。色覚検査は受けた方が良いでしょうか？

中学生・高校生

82

A38　現在、大学入試で色弱の人を排除している大学はありません。また、入学後も大学は合理的な配慮を求められており、大きな問題はないでしょう。色弱で理系に進学する人は大勢いますが、結果として様々な工夫やその他の個性で、色覚の違いから生じる困難を克服しています。自分の色覚のタイプを知っていると、自分自身で問題に対処できることも多いので、色覚検査を受けると良いでしょう。

息子は美術大学を希望しているのですが、色弱なので戸惑っているようです。色弱の子どもに

美術は、やっぱり難しいでしょうか？

A39　美術大学に進学する色弱の人は珍しくありません。オリジナリティが求められる芸術の分野では、他の人と異なる見え方をしていること自体がメリットのひとつになるでしょう。例えば、赤の明るさや目立ちがないために、綺麗なトーンで絵を描くことも知られています。彫刻や版画、金工などの分野もありますし、デザインの分野に進むなら、ぜひカラーユニバーサルデザインを手がけて欲しいですね。

Q40 息子は色弱で赤と緑の見分けがつかないのですが、どう違うのか説明してやれないでしょうか？

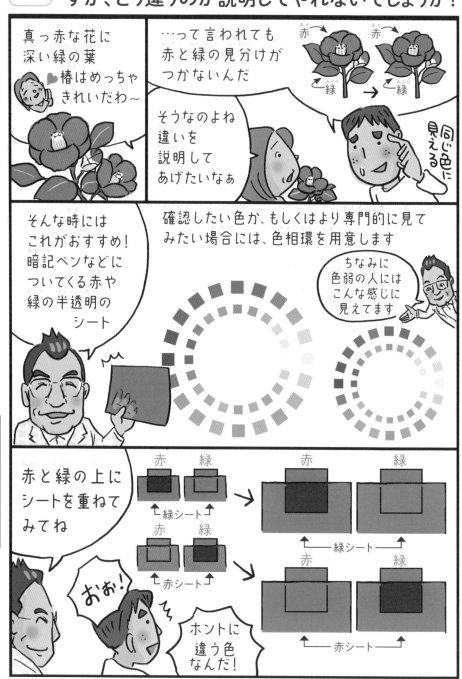

中学生・高校生

A40　息子さんには、暗記ペンについているシート越しに色を見てもらい、似たように見える赤と緑は、性質が大きく違う色であることを確認してもらいましょう。その上でスマホアプリの「色彩ヘルパー」や「色のめがね」などを使うことで、自分には区別できない色でも、その色の系列や色の名前を調べる方法があることを知ってもらうといいと思います。

Q41 娘が色弱です。留学を希望しています。外国では色弱は、どうとらえられているのでしょうか？

国によって事情は異なりますが、人種、言葉、文化、宗教などさまざまな違いがあります。その違いにぶつかってもまれ、交流することで自らが解決の出口を探す。そのプロセスが留学の真髄とも言えます。

息子は高校生なので少し説明が難しくてもいいと思います。

そんな大波の中では色覚の差は、相対的にあまり大きく感じられないかもしれません

ほっ

ちなみにヨーロッパの白人男性の約8％、北欧やフランスの白人男性約10％が色弱です

あ、日本より少し割合が多いんだね

信号など、日本と違う国も多いので、事前にしっかり調べておきましょう

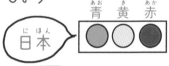

青 黄 赤

日本

海外の一例

赤 黄 緑

赤

黄

緑

「color blindness」は色弱のことなんですけど、「人種差別をしない」という意味の形容詞でもあるんですよ

colorはきっと肌の色のことですねでも差別がない意味と同じって、すごくうれしいな！

A41 留学先の国によって状況は異なりますが、人種の違いや言葉の違いのような明らかな個人差から文化や宗教の差まで、留学は多様な個性との交流より始まります。そんな中で色覚の違いは外見からはわからない個性であるため、あまり話題にはならないようです。

回答者紹介

※本書では読みやすくするために回答者をキャラクター化しています。
CUDO事務局に常駐しているわけではありませんので、ご了承下さい。

岡部正隆

色弱（P型）のお医者さん。普段はお医者さんの卵たちに人のからだのことを教えている。色弱の人たちが不利にならない社会の実現を目指して活動中。

伊賀公一

色弱（P型）なのに1級カラーコーディネーターの資格を持つ。週末ヒッピーの自称「色覚チャレンジャー」。社会を幸せに導く技術開発のために精進中。

田中陽介

カラーユニバーサルデザイン機構の職員。色弱（D型）ながら飛行機や船の免許を持つが、実はエンジンに頼らないトライアスロンやトレイルランが趣味。

井上和美

CUDO事務局スタッフ。体操の先生。色弱者と接してきた経験を生かし、色弱の子供を持つ母親や学校教諭の色覚に関する相談のサポートを行っている。

おわりに

「ん？　あれ？」と思ったお子さんのおかしな振る舞いや言いわけは、色覚の違いに原因がありました。色弱・色盲・色覚異常などと聞くと、「色を区別する能力が劣っている」と思われるかもしれません。しかし、東京大学・河村正二教授の最新のサルの研究によると、2色型（強度の色弱：P型色覚とD型色覚に相当）と3色型（色覚正常：C型色覚に相当）の同種のサルでは、森の中で果実を摂る能力に差はありませんでした。それどころか、昆虫を採ることに関しては2色型の方が優っており、薄暗い環境では明らかに2色型の方が3色型よりも有利であることが示されました。

　強度の色弱（P型）の私も、バッタ捕りをすればいつも友だちよりも多く採っていましたし、川の中や防波堤の下の魚影を友だちに教えても、彼らにはなかなかそれが見えないということが何度もありました。色弱は決して色を見分ける能力が劣っているわけではなく、他の人たちと色の見え方が違う、異なるタイプの色覚だと言えます。

　では、色弱の人は何が弱いのでしょうか。それは、色の見え方が少数派であることから、多数派に合わせた色分けによる情報がわからず、情報弱者になっていることでしょう。色弱の子どもたちは、そのための配慮が行き届くまで多数派であるC型色覚の人たちに都合よくデザインされた色空間の中で、C型の人たちと一緒に生活していかねばなりません。色弱の子どもたちが健やかに成長していくためには、色覚の多様性に対する家族や学校や社会の理解と、ちょっとした生活の知恵を持つことが重要です。

　一方でこれからは、色弱を単に色覚の異常として本人たちに様々な努力を強いるのではなく、どのようなタイプの色覚であっても不利益を被らない、色覚バリアフリー・カラーユニバーサルデザイン（CUD）が行き届いた社会を実現していかねばなりません。A型・B型・O型・AB型の血液型遺伝子の多様性のように、どれが正常だ異常だと断定せず、C型・P型・D型といった色覚のタイプが笑顔で語れる時代がくることを願っています。

NPO法人カラーユニバーサルデザイン機構 副理事長

岡部正隆

著者紹介

原案
NPO法人
カラーユニバーサルデザイン機構

社会の色彩環境を多様な色覚を持つさまざまな人々にとって、使いやすいものにデザインを改善してゆくことで、「人にやさしい社会づくり」をめざすNPO法人。色盲・色弱・色覚異常などと呼ばれる人たちにも、分かりやすい社会をつくるために活動している。グッドデザイン賞（新領域デザイン部門）受賞。内閣府バリアフリー・ユニバーサルデザイン推進功労賞 内閣総理大臣表彰受賞。キッズデザイン賞奨励賞 キッズデザイン協議会会長賞受賞。公益財団法人国際ユニバーサルデザイン協議会銀賞ダブル受賞。

監修
岡部正隆
東京慈恵会医科大学解剖学講座 教授

慈恵医大で解剖学の教鞭を取るかたわら、色覚のタイプの違いにかかわらず情報が正確に伝わるように工夫した色づかい、すなわちカラーユニバーサルデザインの普及活動を行っている。自分自身がP型色覚（1型2色覚）であり、日常生活で体験した不便な経験を活かし、公共の色づかいやプロダクトデザインに対する助言を行っている。NPO法人カラーユニバーサルデザイン機構副理事長。

コミック
福井若恵
イラストレーター

「読売新聞日曜版」「読売家庭版リエール」に連載。著書に『一犬二太郎育児日記』（弓立社）『「なん何なん何なん何」笑う！子育て』（フットワーク出版）、『うちの子育て、ちょっと気になる隣の子育て』（講談社）『しっぽと肉球―イラスト＆エッセイでつづるおもしろ犬世界観察記』（芸文社）『豊かな感性を育むクラフト図鑑』（かもがわ出版）など。

CUDマークとは

このマークは、ＮＰＯ法人カラーユニバーサルデザイン機構（略称「CUDO」）が定めた、カラーユニバーサルデザイン（略称「CUD」）を象徴するマークです。「カラーユニバーサルデザイン」に関して一定の要件を満たした製品や施設などに対し、カラーユニバーサルデザイン機構によりマーク表示を許諾しています。マークに使われている赤・青・黄の３色は色弱者にも見分けやすいよう特別に配慮された色調であるため、マーク自身がカラーユニバーサルデザインの見本になっています。

増補改訂版 色弱の子どもがわかる本 家庭・保育園・学校でできるサポート術
2020年7月 5日　第1刷発行
2024年3月20日　第3刷発行

著者／原案：カラーユニバーサルデザイン機構 ＋ コミック：福井若恵 ＋ 監修：岡部正隆
発行者／竹村正治
発行所／株式会社 かもがわ出版
〒602-8119 京都市上京区堀川通出水西入　TEL：075（432）2868　FAX：075（432）2869
振替：01010-5-12436　ホームページ：http://www.kamogawa.co.jp

企画・編集・デザイン／神崎夢現[mugenium inc.]
印刷所／シナノ書籍印刷株式会社